EL MOVIMIENTO ABOLICIONISTA
THE ABOLITIONIST MOVEMENT

Lorijo Metz

Adapted by Nathalie Beullens-Maoui

Traducción al español: Christina Green

PowerKiDS press™

New York

For Becky and Dawn: May your struggle for equal rights meet success.

Published in 2014 by The Rosen Publishing Group, Inc.
29 East 21st Street, New York, NY 10010

First Edition

Editor: Amelie von Zumbusch
Book Design: Colleen Bialecki
Photo Research: Katie Stryker

Traducción al español: Christina Green

Photo Credits: Cover, p. 4 Library of Congress Prints and Photographs Division Washington, D.C.; p. 5 DEA Picture Library/De Agostini Picture Library/Getty Images; p. 7 DEA/G. Dagli Orti/De Agostini Picture Library/Getty Images; p. 8 Tom McHugh/Photo Researchers/Getty Images; p. 9 Universal Images Group/Contributor/Getty Images; p. 10 Gift of Gwendolyn O. L. Conkling/Brooklyn Museum; pp. 12, 13 (top) Stock Montage/Contributor/Archive Photos/Getty Images; pp. 13, 17 Photo Researchers/Getty Images; p. 15 Superstock/Getty Images; p. 16 American School/The Bridgeman Art Library/Getty Images; p. 19 Photos.com/Thinkstock; p. 20 Colin Bootman/The Bridgeman Art Library/Getty Images; p. 21 Roberts Bruce/Photo Researchers/Getty Images; p. 22 Steve Lewis Stock/The Image Bank/Getty Images.

Library of Congress Cataloging-in-Publication Data

Metz, Lorijo.
 The abolitionist movement = El movimiento abolicionista / by Lorijo Metz ; translated by Christina Green ; adapted by Nathalie Beullens-Maoui. — First edition.
    pages cm. — (Let's celebrate freedom! = ¡Celebremos la libertad!)
 Includes index.
 English and Spanish.
 ISBN 978-1-4777-3249-6 (library)
 1. Antislavery movements—United States—History—19th century—Juvenile literature. 2. Abolitionists—United States—History—19th century—Juvenile literature. 3. Slaves—Emancipation—United States—Juvenile literature. 4. African Americans—History—To 1863—Juvenile literature. I. Green, Christina, 1967– translator. II. Beullens-Maoui, Nathalie. III. Metz, Lorijo. Abolitionist movement. IV. Metz, Lorijo. Abolitionist movement. Spanish V. Title. VI. Title: Movimiento abolicionista.
 E449.M63518 2014
 326'.8092—dc23

2013022578

Websites: Due to the changing nature of Internet links, PowerKids Press has developed an online list of websites related to the subject of this book. This site is updated regularly. Please use this link to access the list:
www.powerkidslinks.com/lcf/aboli

Manufactured in the United States of America

CPSIA Compliance Information: Batch # W14PK4: For Further Information contact Rosen Publishing, New York, New York at 1-800-237-9932

CONTENIDO

CONTENTS

En 1776, 13 **colonias** norteamericanas anunciaron su libertad del dominio británico. Pelearon la revolución americana porque creían que "todos los hombres son creados iguales". Para 1783, Estados Unidos era un país libre. Sin embargo, los esclavos afroamericanos que vivían allí no eran libres. Su lucha por la libertad había apenas comenzado.

In 1776, 13 North American **colonies** announced their freedom from British rule. They fought the American Revolution because they believed that "all men are created equal." By 1783, the United States was a free country. However, African American slaves living there were not free. Their fight for freedom had just begun.

Algunos abolicionistas, tales como Sojourner Truth nacieron bajo la esclavitud. Truth nació en el condado de Ulster, Nueva York, aproximadamente en 1797.

Some abolitionists, such as Sojourner Truth, were born into slavery. Truth was born in Ulster County, New York, around 1797.

Esta pintura muestra un mercado de esclavos del siglo 19. Las familias de esclavos a menudo eran separadas cuando los miembros eran vendidos a dueños lejanos.

This painting shows a nineteenth-century American slave market. Slave families were often broken up when members were sold to far-away owners.

En 1775, un grupo de hombres en Pensilvania formó el primer grupo americano de abolicionistas, o grupo de personas que querían poner fin a la esclavitud. Tomaría más de 80 años, pero en 1865, la décimo tercera **enmienda** a la **Constitución** prohibió la esclavitud.

In 1775, a group of men in Pennsylvania formed the first American abolitionist group, or group of people who wanted to end slavery. It would take over 80 years, but in 1865, the Thirteenth **Amendment** to the **Constitution** outlawed slavery.

LA EXPANSIÓN DE LA ESCLAVITUD
THE GROWTH OF SLAVERY

Los ingleses que se asentaron en Estados Unidos en los años 1600 tenían cultivos que plantar y ciudades que construir. Las personas y no las máquinas, hacían el trabajo. La mayoría de los hacendados usaban **empleados en régimen de servidumbre.** Sin embargo, los hacendados pronto se dieron cuenta de que los esclavos de África eran una fuente más barata de trabajo

Muchos esclavos murieron en el viaje a través del Océano Atlántico. Se les encerraba bajo el puente durante meses, con poca comida o agua. En América, la mayoría de los esclavos trabajaban en granjas desde el amanecer hasta el atardecer. Las condiciones de vida eran **precarias**. Los esclavos que trataban de escaparse recibían latigazos o peores castigos.

The English who settled America in the 1600s had crops to plant and cities to build. People, not machines, did the labor. Most landowners used **indentured servants**. However, landowners quickly realized that slaves from Africa were a cheaper source of labor.

Many slaves died on the journey across the Atlantic Ocean. They were packed below decks for months, with little food or water. In America, most slaves worked on farms from sunrise to sunset. Living conditions were **poor**. Slaves who tried to run away were whipped or worse.

Las condiciones en los barcos de esclavos eran terribles. Muchos esclavos murieron durante el viaje.

The conditions on slave ships were terrible. Many slaves died during the trip.

AIRES DE LIBERTAD
STIRRINGS OF FREEDOM

Los comienzos del movimiento abolicionista pueden hallarse en la religión. En 1775, los **cuáqueros** se convirtieron en el primer grupo en prohibir la propiedad de esclavos entre sí debido a su creencia de que todos los hombres y mujeres eran iguales a los ojos de Dios.

The beginnings of the abolitionist movement can be found in religion. In 1775, **Quakers** became the first group to ban slave ownership among themselves because of their belief that all men and all women were equal in the sight of God.

Benjamín Franklin se convirtió en presidente de la Sociedad de Pensilvania para promover la abolición de la esclavitud en 1787.

Benjamin Franklin became the president of the Pennsylvania Society for Promoting the Abolition of Slavery in 1787.

Gracias a la despepitadora de algodón, la esclavitud se difundió y el número de esclavos aumentó. Aquí, un esclavo guía un carro de bueyes lleno de algodón hacia el mercado.

Thanks to the cotton gin, slavery spread and the number of slaves grew. Here, a slave drives an oxcart full of cotton to market.

Después de la Revolución americana muchas personas, como los líderes americanos Benjamín Franklin y John Jay querían poner fin a la esclavitud. Luego, en 1793, Eli Whitney inventó la despepitadora de algodón, lo que significaba que los granjeros del sur podrían hacer más dinero con el cultivo de algodón. Sin embargo, los granjeros dependían de los esclavos para cosechar ese algodón.

After the American Revolution many people, such as American leaders Benjamin Franklin and John Jay, wanted to end slavery. Then, in 1793, Eli Whitney invented the cotton gin. It meant that farmers in the South would be able to make more money selling cotton. However, the farmers depended on slaves to pick that cotton.

9

ESTADOS LIBRES Y ESTADOS ESCLAVOS
FREE STATES AND SLAVE STATES

Algunos estados prohibieron la esclavitud y se les llamó estados libres, otros estados en los que la esclavitud continuó fueron llamados estados esclavos. Cuando Misuri pidió unirse a la **Unión** en 1818, había 11 estados libres y 11 estados esclavos. Añadir a Misuri le daría más poder a los estados esclavos. El **Compromiso** de Misuri trató de resolver el problema en 1820.

Some states outlawed slavery and became known as free states, while others where slavery continued were called slave states. When Missouri asked to join the **Union** in 1818, there were 11 free states and 11 slave states. Adding Missouri would mean more power for the slave states. The Missouri **Compromise** tried to settle the matter in 1820.

Esta pintura muestra a esclavos fugitivos, o esclavos que trataban de escaparse de sus dueños a tierras que habían prohibido la esclavitud.

This painting shows fugitive slaves, or slaves trying to run away from their owner to places where slavery had been outlawed.

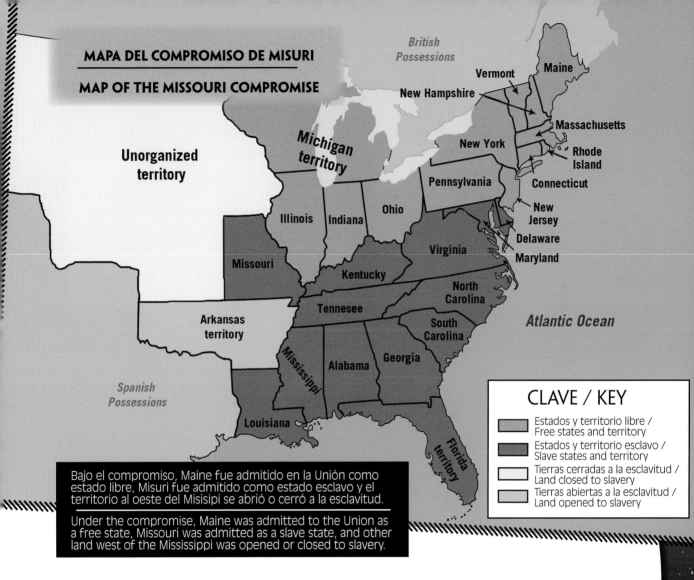

MAPA DEL COMPROMISO DE MISURI

MAP OF THE MISSOURI COMPROMISE

British Possessions

Vermont

Maine

New Hampshire

Massachusetts

New York

Rhode Island

Michigan territory

Pennsylvania

Connecticut

Unorganized territory

New Jersey

Illinois

Indiana

Ohio

Delaware

Virginia

Maryland

Missouri

Kentucky

North Carolina

Tennesee

South Carolina

Atlantic Ocean

Arkansas territory

Georgia

Spanish Possessions

Mississippi

Alabama

Louisiana

Florida territory

CLAVE / KEY

Estados y territorio libre / Free states and territory

Estados y territorio esclavo / Slave states and territory

Tierras cerradas a la esclavitud / Land closed to slavery

Tierras abiertas a la esclavitud / Land opened to slavery

Bajo el compromiso, Maine fue admitido en la Unión como estado libre, Misuri fue admitido como estado esclavo y el territorio al oeste del Misisipi se abrió o cerró a la esclavitud.

Under the compromise, Maine was admitted to the Union as a free state, Missouri was admitted as a slave state, and other land west of the Mississippi was opened or closed to slavery.

La incorporación de nuevo territorio después de la guerra entre México y los Estados Unidos resultó en el Compromiso de 1850, el cual aumentó aún más el castigo por ayudar a los esclavos **fugitivos**.

The addition of new land after the Mexican-American War led to the Compromise of 1850. This compromise made the punishment for helping **fugitive** slaves stronger.

CRONOLOGÍA
TIMELINE

1 de enero de 1808
Se vuelve legal traer a esclavos de África a los Estados Unidos.

January 1, 1808
It becomes illegal to bring slaves from Africa to the United States.

21 de agosto de 1831
Nat Turner comienza una rebelión esclava en el condado de Southampton, Virginia.

August 21, 1831
Nat Turner starts a slave rebellion in Southampton County, Virginia.

1805　1810　1815　1820　1825　1830　1835

1 de enero de 1831
William Lloyd Garrison publica su periódico en contra de la esclavitud, *The Liberator*.

January 1, 1831
William Lloyd Garrison first publishes his antislavery newspaper, *The Liberator*.

1 de enero de 1863
La Proclamación de la Emancipación libera a esclavos en los estados esclavos del sur.

January 1, 1863
The Emancipation Proclamation frees slaves in the southern slave states.

6 de noviembre de 1860
Abraham Lincoln es electo Presidente de los Estados Unidos.

November 6, 1860
Abraham Lincoln is elected president of the United States.

1840   1845   1850   1855   1860   1865   1870

6 de diciembre de 1865
La Décimo Tercera Enmienda oficialmente prohíbe la esclavitud en los Estados Unidos.

December 6, 1865
The Thirteenth Amendment officially outlaws slavery in the United States.

6 de marzo de 1857
La Corte Suprema determina que los afroamericanos no son ciudadanos en *Dred Scott v. Stanford*.

March 6, 1857
The Supreme Court rules that African Americans are not citizens in *Dred Scott v. Sandford*.

ESCLAVOS FUGITIVOS
FUGITIVE SLAVES

El escaparse de la esclavitud era difícil. Desde aproximadamente 1830 hasta 1860, un grupo de personas formó el Ferrocarril Subterráneo, el cual ayudó a miles de esclavos a escaparse.

Harriet Tubman, una esclava escapada, regresó al sur para guiar a más de 300 esclavos hacia la libertad. Los cuáqueros Levi y Catharine Coffin escondieron a más de 3,000 esclavos en su casa. El Ferrocarril Subterráneo ayudó a los esclavos a escaparse a estados libres. Algunos esclavos escaparon a Canadá, a través de ciudades como Buffalo, Nueva York. Otros fueron al sur, a México y al Caribe.

Escaping slavery was difficult. From about 1830 to 1860, a group of people formed the Underground Railroad, which helped thousands of slaves escape.

Harriet Tubman, an escaped slave, returned south to lead more than 300 slaves to freedom. Quakers Levi and Catharine Coffin hid more than 3,000 slaves in their home. The Underground Railroad helped slaves escape to free states. Some slaves escaped to Canada, through cities like Buffalo, New York. Others went south to Mexico and the Caribbean.

Los esclavos fugitivos generalmente viajaban de noche y se escondían durante el día. Los esclavos que se escapaban se escondían en lugares fuera de los caminos, como en las casas y graneros de los abolicionistas.

Fugitive slaves generally travelled at night and hid during the day. Escaping slaves hid in out-of-the-way spots, as well as in the homes and barns of abolitionists.

DENUNCIANDO
SPEAKING OUT

El movimiento abolicionista tuvo muchos líderes. William Lloyd Garrison comenzó un periódico llamado *The Liberator* en 1831. Durante los siguientes 30 años, promovió el final de la esclavitud y la igualdad para afroamericanos y para la mujer. En 1851, Harriet Beecher Stowe escribió *La Cabaña del Tío Tom*, la cual, ayudó a que muchos se opusieran a la esclavitud.

The abolitionist movement had many leaders. William Lloyd Garrison started a newspaper called *The Liberator*, in 1831. For the next 30 years, it pushed for the end of slavery and equality for African Americans and women. In 1851, Harriet Beecher Stowe wrote *Uncle Tom's Cabin*, which helped turn many people against slavery.

Frederick Douglass se convirtió en un famoso orador público. Dio discursos en contra de la esclavitud en los estados del norte y en Europa.

Frederick Douglass became a famous public speaker. He gave antislavery speeches across the northern states and in Europe.

Harriet Beecher Stowe provino de una familia de abolicionistas. Ella escribió *La Cabaña del Tío Tom* para ayudar a las personas a darse cuenta de la maldad de la esclavitud.

Harriet Beecher Stowe came from a family of abolitionists. She wrote *Uncle Tom's Cabin* to help people see the evils of slavery.

A la mayoría de los esclavos no se les permitía aprender a leer o a escribir. Esto convenció erróneamente a las personas que los afroamericanos no eran inteligentes. Los discursos de Frederick Douglass contra la esclavitud ayudaron a cambiar esa imagen de los esclavos.

Most slaves were not allowed to learn to read or write. This wrongly convinced people that African Americans were not smart. Former slave Frederick Douglass's speeches against slavery helped change that image of slaves.

LA GUERRA CIVIL
THE CIVIL WAR

Hacia 1860, a los habitantes del sur les preocupaba que los líderes del norte pusieran fin a la esclavitud. La **economía** del sur dependía del trabajo de los esclavos. Ese año Carolina del Sur se **separó** de la Unión. Diez estados del sur siguieron el ejemplo, llamándose los Estados Confederados de América.

En 1861, la Guerra Civil estalló entre el Norte y el Sur. Al principio, el objetivo del Norte era mantener la nación unida. Sin embargo, la Guerra Civil oficialmente se convirtió en una guerra por la esclavitud cuando entró en vigencia la Proclamación de la Emancipación el 1 de enero de 1863. Decía que los esclavos en áreas controladas por los Confederados eran libres.

By 1860, southerners worried that nothern leaders would end slavery. The South's **economy** depended on slave labor. That year, South Carolina **seceded** from the Union. Ten Southern states followed, calling themselves the Confederate States of America.

In 1861, the Civil War broke out between the North and the South. At first, the North's goal was to keep the nation together. However, the Civil War officially became a war over slavery when, on January 1, 1863, the Emancipation Proclamation went into effect. It said that slaves in areas controlled by the Confederates were free.

La Guerra Civil fue la guerra más mortal en la historia de los Estados Unidos. Más de 45,000 soldados murieron o fueron heridos sólo en la Batalla de Gettysburg.

The Civil War was the deadliest war in US history. More than 45,000 soldiers were killed or wounded at the Battle of Gettysburg alone.

19

SEPARADOS PERO NO IGUALES
SEPARATE BUT NOT EQUAL

En 1865, el Norte ganó la guerra. El 6 de diciembre de 1865, la Décimo Tercera Enmienda abolió la esclavitud. Sin embargo, la lucha por la igualdad de los afroamericanos apenas había comenzado. En 1870, los estados comenzaron a aprobar leyes Jim Crow, las cuales **segregaban** afroamericanos de las personas blancas.

In 1865, the North won the war. On December 6, 1865, the Thirteenth Amendment abolished slavery. However, African Americans' fight for equality had just begun. In 1870, states began passing Jim Crow laws, which **segregated** African Americans from white people.

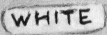

WHITE

COLORED

Como verás en esta pintura, los bebederos de agua eran una de las muchas cosas que fueron segregadas bajo las leyes Jim Crow.

As you can see in this painting, water fountains were one of the many things that were segregated under Jim Crow laws.

Durante el movimiento de los derechos civiles, los afroamericanos llevaron a cabo protestas pacíficas sentándose en los mostradores hasta que eran atendidos o arrestados.

During the civil rights movement, African Americans held peaceful protests by sitting at lunch counters until they were served or arrested.

Las leyes Jim Crow forzaron a los afroamericanos a usar baños separados y a asistir a escuelas separadas, entre otras cosas. En la década de los años 1950 y 1960, Martin Luther King Jr., Rosa Parks, John Lewis y muchos otros lideraron el movimiento de los derechos civiles, el cual eventualmente puso fin a la segregación.

Jim Crow laws forced African Americans to use separate bathrooms and attend separate schools, among other things. In the 1950s and 1960s, Martin Luther King Jr., Rosa Parks, John Lewis, and many others led the civil rights movement, which eventually ended segregation.

INSPIRANDO A OTROS
INSPIRING OTHERS

El movimiento abolicionista ha **inspirado** a otros grupos a luchar por sus derechos. Muchas mujeres abolicionistas continuaron su labor en el movimiento del sufragio femenino, el cual le dio a la mujer el derecho al voto en 1920.

El valor de los abolicionistas aún inspira a los estadounidenses. Por ejemplo, el movimiento de los derechos de los gays está logrando ganar el derecho a casarse. ¿Por qué derechos crees que los futuros estadounidenses lucharán?

The abolitionist movement has **inspired** other groups to fight for their rights. Many women abolitionists went on to work in the women's suffrage movement, which won women the right to vote in 1920.

The courage of the abolitionists still inspires Americans. For example, the gay rights movement is now close to winning the right to marry. What rights do you think future Americans will fight for?

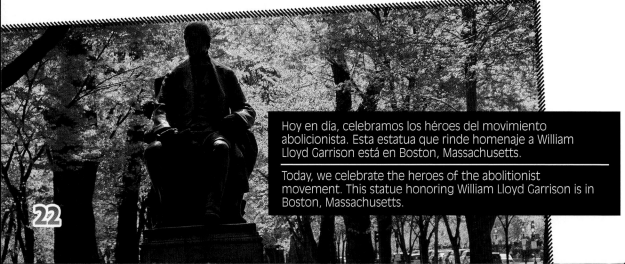

Hoy en día, celebramos los héroes del movimiento abolicionista. Esta estatua que rinde homenaje a William Lloyd Garrison está en Boston, Massachusetts.

Today, we celebrate the heroes of the abolitionist movement. This statue honoring William Lloyd Garrison is in Boston, Massachusetts.

GLOSARIO

colonias (ko-LO-nias) Nuevos lugares a los que las personas se mudan que todavía están gobernados por los líderes de los países de los que provienen.

compromiso (kom-pro-MI-so) Acuerdo en el que ambos lados renuncian a algo.

Constitución (kons-ti-tu-siON) Las reglas básicas por las que se gobiernan los Estados Unidos.

cuáqueros (CUA-ke-ros) Personas que pertenecen a una fe que cree en la igualdad de todas las personas, familias y comunidades sólidas y paz.

economía (e-ko-no-MI-a) La manera en la que un país o un negocio supervisa sus bienes y servicios.

empleados en régimen de servidumbre (em-ple-A-dos en RE-gi-men de ser-vi-DUM-bre) Personas que trabajan para otras personas por una cantidad fija de tiempo a cambio de pago por viaje o costos de vida.

enmienda (en-miEN-da) Adición o cambio a la Constitución.

fugitivos (fu-gi-TI-vos) Que se escapan de alguien o de algo.

inspirado (ins-pi-RA-do) Que motivó a otro a hacer algo.

precarias (pre-KA-rias) De mala calidad o condición.

segregaban (se-gre-GA-do) Mantenían personas o cosas separadas del grupo principal.

separó (se-pa-RO) Retiró de un grupo o de un país.

Unión (u-niON) La unión de diferentes estados en una nación.

GLOSSARY

amendment (uh-MEND-ment) An addition or a change to the Constitution.

colonies (KAH-luh-neez) New places where people move that are still ruled by the leaders of the countries from which they came.

compromise (KOM-pruh-myz) An agreement in which both sides give up something.

Constitution (kon-stih-TOO-shun) The basic rules by which the United States is governed.

economy (ih-KAH-nuh-mee) The way in which a country or a business oversees its goods and services.

fugitive (FYOO-juh-tiv) Someone who is running away from someone or something.

indentured servants (in-DEN-churd SER-vintz) People who work for other people for a fixed amount of time for payment of travel or living costs.

inspired (in-SPY-urd) Moved someone to do something.

poor (POOR) Of bad quality or condition.

Quakers (KWAY-kurz) People who belong to a faith that believes in equality for all people, strong families and communities, and peace.

seceded (sih-SEE-dehd) Withdrew from a group or a country.

segregated (SEH-grih-gayt-ed) Kept people or things apart from the main group.

Union (YOON-yun) The joining of different states into one nation.

ÍNDICE

INDEX